AF282795

ERES ÚNICA

ExLibric

ROMI KIRILOVA

ERES ÚNICA

EXLIBRIC

ANTEQUERA 2025

ERES ÚNICA
© Romi Kirilova
Diseño de portada: Dpto. de Diseño Gráfico Exlibric

Iª edición

© ExLibric, 2025.

Editado por: ExLibric
c/ Cueva de Viera, 2, Local 3
Centro Negocios CADI
29200 Antequera (Málaga)
Teléfono: 952 70 60 04
Fax: 952 84 55 03
Correo electrónico: exlibric@exlibric.com
Internet: www.exlibric.com

ISBN: 979-13-87707-99-6
Depósito Legal: MA 1047-2025

Impresión: PODiPrint
Impreso en Andalucía – España

Nota de la editorial: ExLibric pertenece a Innovación y Cualificación S. L.

ROMI KIRILOVA

ERES ÚNICA

Para Sofía

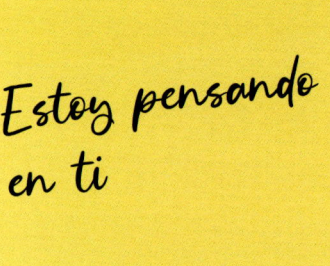

A veces
estás feliz

A veces
estás triste

Te gusta leer

Tienes el pelo
muy bonito

Te gusta el mar

Te gusta
el pescado

Vives en
las nubes

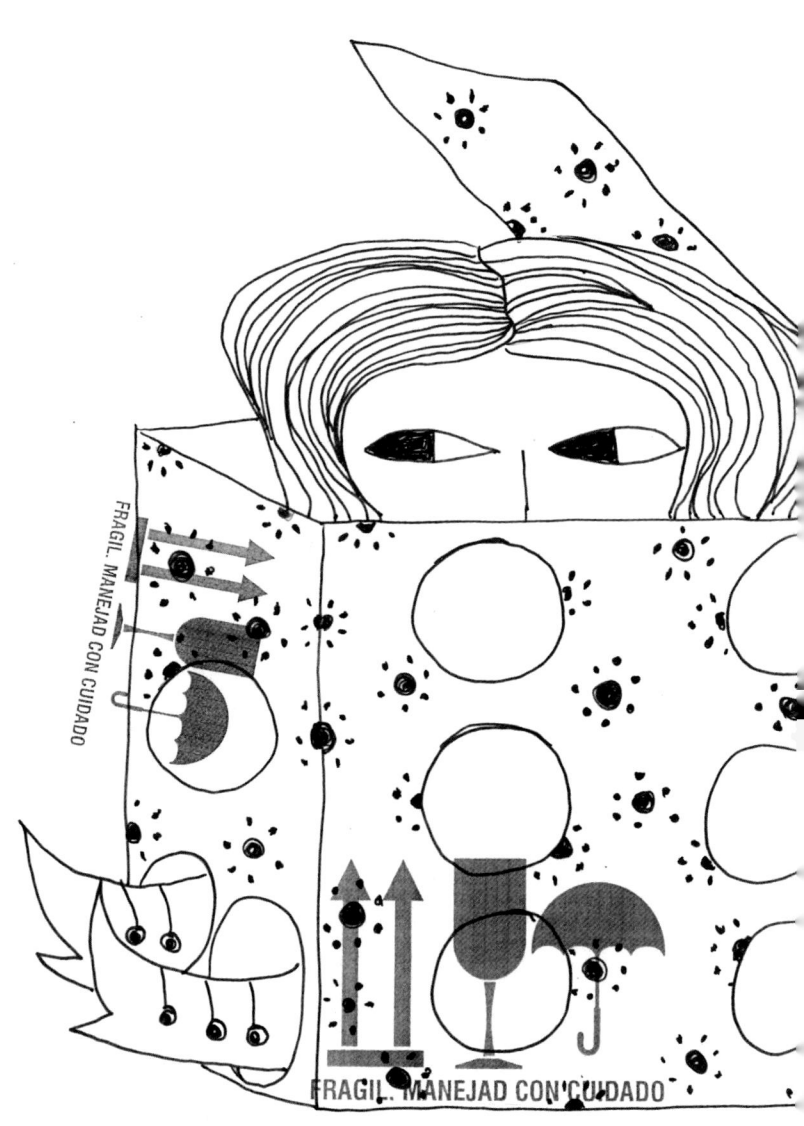

FRAGIL. MANEJAD CON CUIDADO

FRAGIL. MANEJAD CON CUIDADO

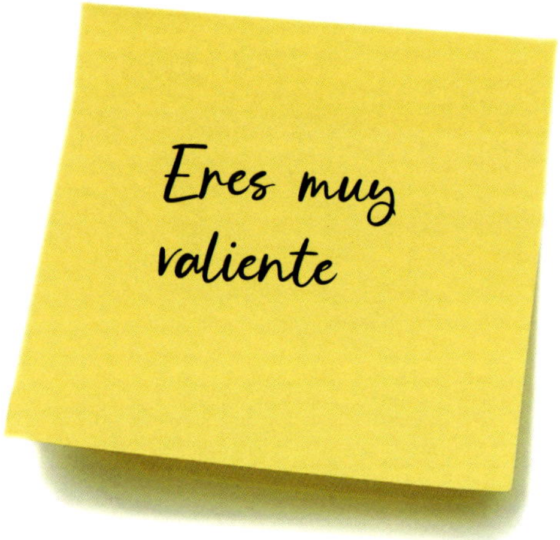
Eres muy
valiente

Puedes parar
el tiempo

Eres una
soñadora

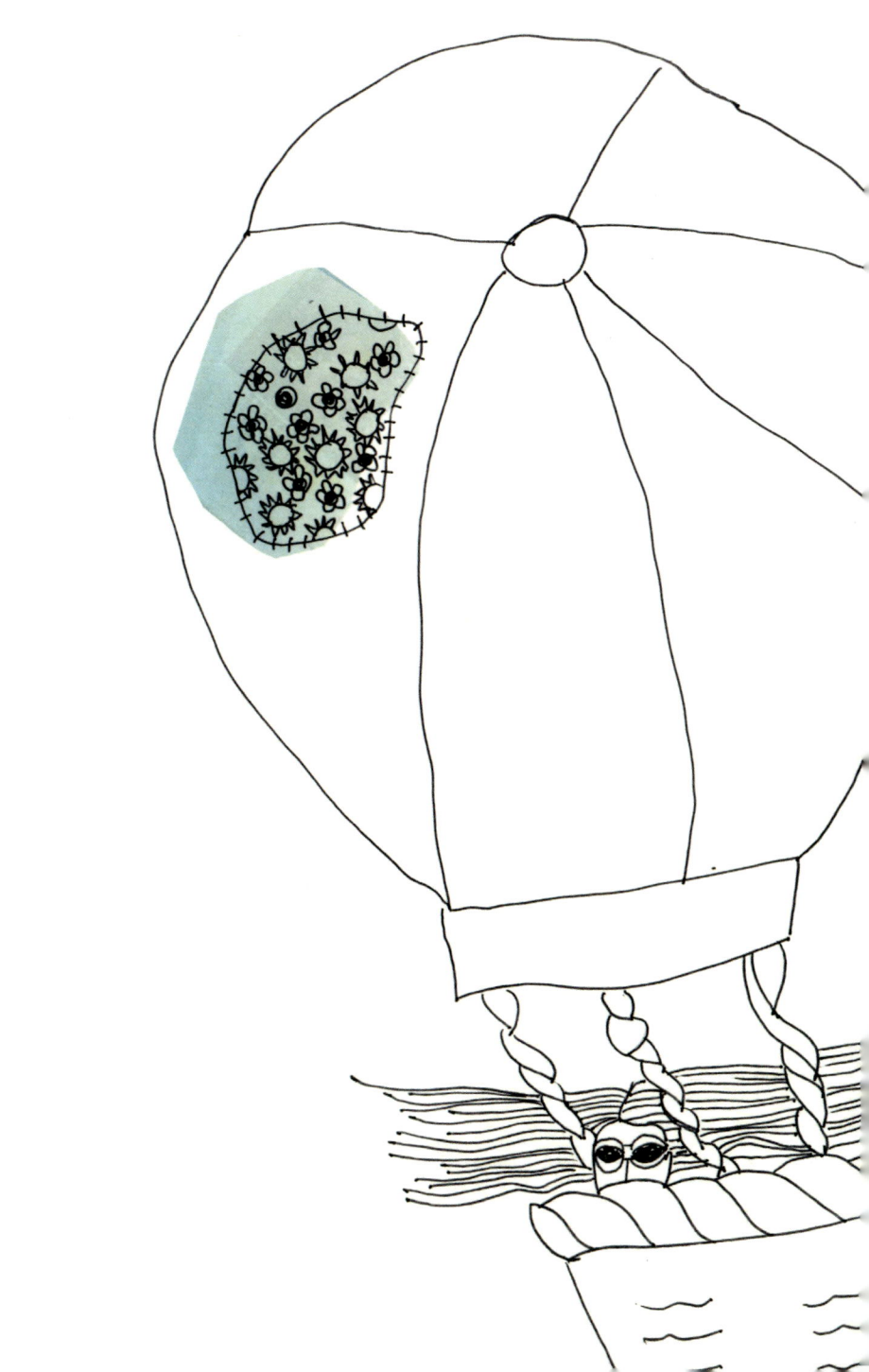

Tienes los ojos
de otro mundo

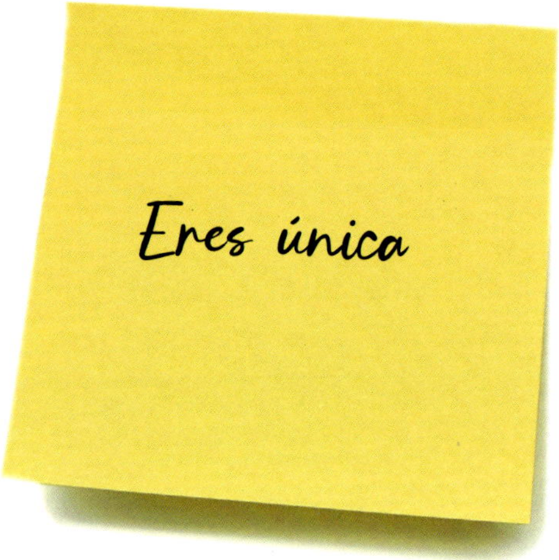
Eres única